迷わない力

霊長類最強女子の考え方

吉田沙保里

プレジデント社

誰よりも強くなりたい

試練は遠ざけるのではなく、
逆に歓迎し、友だちになるんです

asics

変化、
破壊、
再生

「熱があっても一度は
道場に来てシューズを履け」
吉田家に生まれるとは、
そういうことなのです

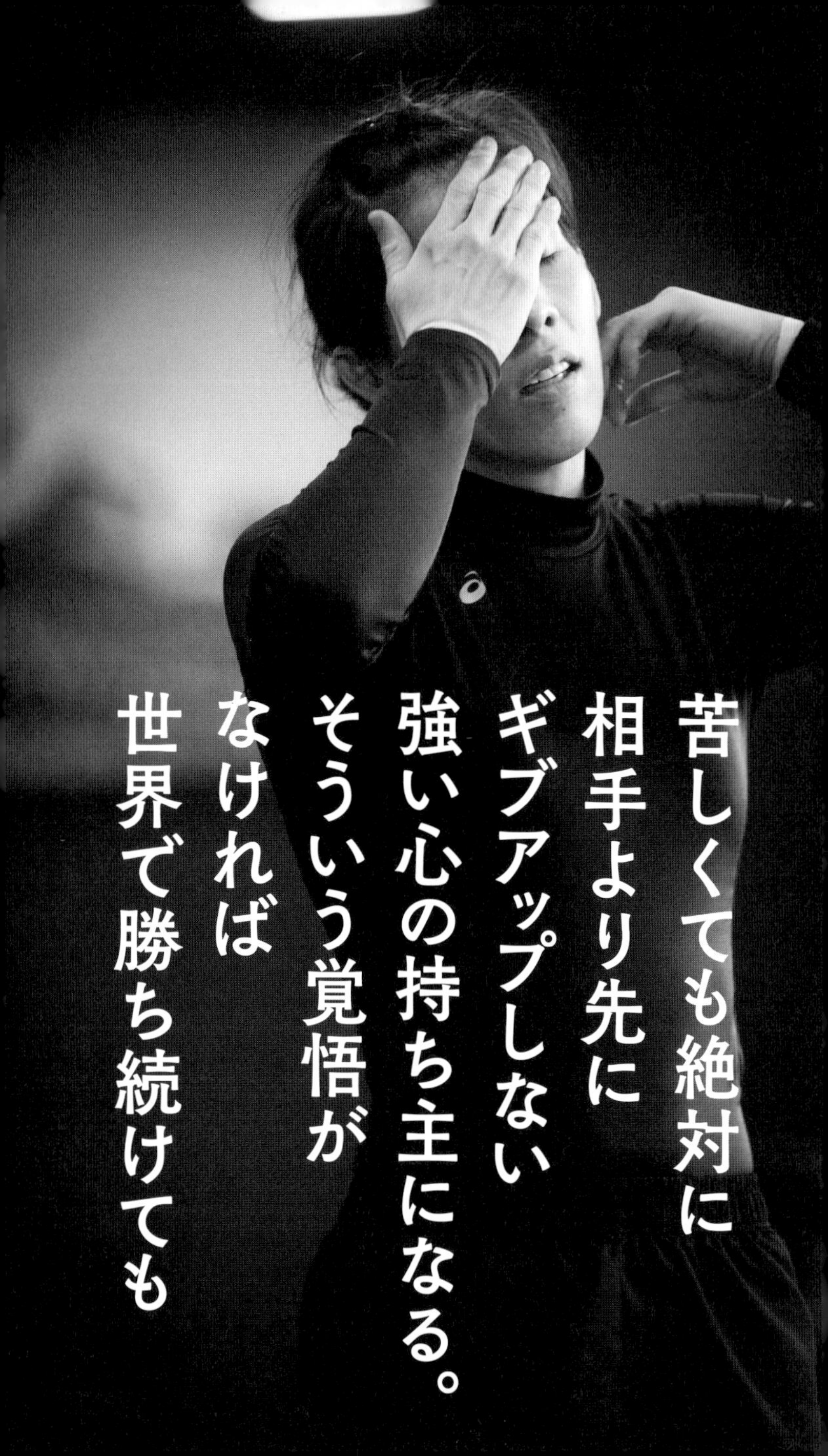
苦しくても絶対に
相手より先に
ギブアップしない
強い心の持ち主になる。
そういう覚悟が
なければ
世界で勝ち続けても

メンタルを強くする
ことはできない

ライバルはいますよ。
それは、世界の全選手です

C o n t e n t s

写真＝公文健太郎
デザイン＝竹内雄二

霊長類最強女子にきけ！

Part I

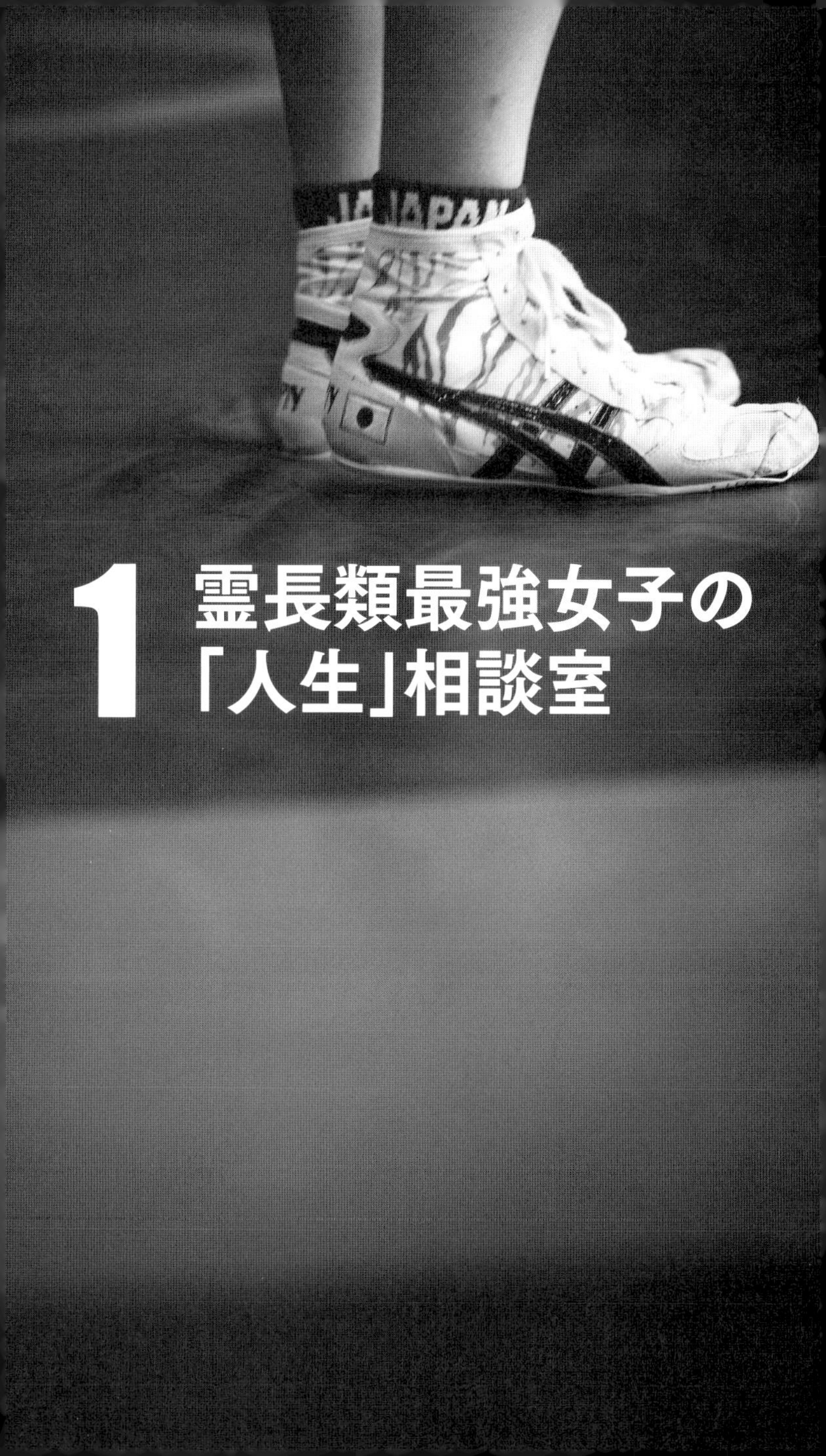

1 霊長類最強女子の「人生」相談室

Q

朝起きるのがつらい。このままずっと寝ていたい、会社なんて行きたくないっていつも思います。

起きるしかないと思ったら起きられる。そういうもん

私だって朝は眠いです。最近は歳をとったせいか少し目覚めがよくなったけど、それでも眠くないなんてことはありません。

金メダリストだってやっぱり朝は眠い。

とくに寒い冬の朝なんかは最悪。目覚まし時計を止めたあと聞こえてくる「ねえ、もうちょっと寝れるんじゃない？　二度寝しようよ」っていう悪魔のささやきには、いつも負けそうになります。

でも、起きますよ。

だって、眠いのは私だけじゃないし。

朝練が始まるのは午前六時四〇分。仲間だってみんな眠いに決まっています。それなのに、私だけ起きられなかったといって遅れるわけにはいかないじゃないですか。

みんなの見本にならなければならない立場なのに、いったい何やってるの。寝坊して遅れて道場に入ったとき、襲ってくるだろう罪悪感に、まず私は耐えられません。そんな思いをするくらいなら、さっさと起きて道場に行ったほうがましです。

それに、レスリングは私が自分で選んだ道。

実際は眠くて朝練を休んだところで、もう学生じゃないんだから、誰も私に文句なんて言わないと思いますよ。でも、暖かい布団の中で夢の続きを楽しんでいたって、強くなれません。

私はレスリングで誰よりも強くなりたい。オリンピックに出て金メダルがほしい。だったら眠くても起きて練習するしかない。やるしかないんです。

会社も同じじゃないのかな。ここで働くって自分で決めて入ったんでしょ。だったら眠くても、がんばって起きて行くしかない。どうしても朝ゆっくり寝ていたいなら、うーん、会社辞める？　でも、働かないと食べていけないから、どうするのかな。あとは、早起きしてでもやりたいと思える仕事を見つけるとか、そういう会社に移るとか。

とにかく、起きるしかないと思ったら起きられる。そういうもん。

Q やらなきゃいけないと思っても、どうしてもやる気が出ないときがあります。そういうときはどうしたらいいですか。

がんばっている人たちと友だちになって刺激を与え合うか、しっかり休んでエネルギーを回復する

ありますす、あります。今日はどうも気分が乗らない、練習やりたくないなっていうとき。でも、私の場合は、道場に行って仲間ががんばっているのを見ると、「よーし、負けてられないぞ」って、そこでスイッチが入るんです。逆に、ひとりだったら、いまほど自分を追い込めていないかも。

そうですね、ひとつの解決策としては、がんばっている人たちと友だちにな

ることでしょうか。お互いに刺激を与え合いながら、みんなで切磋琢磨《せっさたくま》する。うん、やっぱり環境ですね。やる気の出る環境が大事なんじゃないのかな。

それから、なにも三六五日二四時間ずっとやる気満々である必要はないし、そんなのは土台無理なので、ときには思い切って休む。そういう割り切りも案外重要な気がします。

私は、普段母校の愛知県大府市にある至学館大学（二〇一〇年に中京女子大学から校名変更）で練習しているので、東京で雑誌の取材やテレビの収録などがあると、二、三日は道場で練習ができなくなります。そういうとき栄和人監督は、ああ見えてかなりの心配性なので、必ず「ランニングシューズを持っていって空き時間に走れ」と言うのですが、シレッとした顔で無視します。だって、荷物になるじゃないですか。それに、慣れない道だと転んだり足をひねったりする危険もあるし、汗をかいたら風邪を引くかもしれない。ね、いいことなんてひとつもないでしょ（笑）。

だから、そういうときはスパッと休むようにしています。

練習できないと不安だからと無理して走ったところで、そんなのは自己満足でしょ。練習はやるべきときに集中して全力でやって、休むときはしっかり休む。私は、オンとオフはきちんと切り替える主義です。中途半端はイヤ、性に合わない。

やる気が出ないときは、もしかしたら疲れがたまっているのかもしれないので、いったんすべてを忘れて休んでエネルギーを回復するというのも、ひとつの手かもしれません。

Q

決断力のなさが悩みの種です。買い物に行っても「あれもいいけど、こっちも捨てがたい」と迷ってばかりで、毎回時間ばかりかかってしまいます。レストランでもなかなか注文を決められず、頼んだあとも「やっぱりあっちにすればよかった」とすぐに後悔する始末。どうすれば決められるようになりますか。

いいと思ったら即、行動。先の心配はしてもしょうがない

私は、普段あまり迷うってことがありません。それは、小さいころからレスリングをやってきたからだと思います。瞬発力、判断力、スピードといったレスリングの競技特性が、知らず知らずのうちに体に染み込んでいるからだと思います。

決めるのも早いし、決めたらすぐに行動に移す。思考と行動の時間差があま

りないんですよ。服を買いにいっても、「うわ、これいいな」って思ったら、すぐ買っちゃいます。

もちろん、そのあと別の店で、もっと素敵な服が見つかるということもありますよ。そのときはどうするかって？　もちろんそれも買います。買うしかないでしょ。別に、一日に買う服は一着っていうルールがあるわけじゃないのだから、二着買っても三着買ってもいいじゃないですか。

ただ、こういう性格だと、ついつい買いすぎちゃうんですよね。ま、そういうときも後悔なんてしません。「今日はずいぶん買っちゃったな。よし、明日からもっと練習がんばろう」と、むしろ、私はそれをやる気の着火剤にします。

レストランでも迷わないですね。「パスタとピザか。う〜ん……今日はパスタ！」これくらいかな。ピザも捨てがたいなら、一緒に行った人に「ピザ頼みなよ、美味しそうだよ」って注文させて、ちゃっかり一ピースもらったりして（笑）。それで、「お、ピザも悪くないぞ」と思えば、次回はピザを頼む。あるいは、次の日また来て食べるとかね。

とにかく、悩んでいても何も始まらないので、まず決断、そして行動です。失敗したらどうしようみたいなことを考えるから悩むんでしょ。でも、先のことなんてわからないし、やってみて間違えたと思ったら、どうするかそのときまた考えればいいいんじゃないのかな。悩むのなら決める前じゃなくて後でしょう。

私はよく幸せな性格だと言われますが、逆に私は、なんでみんな私みたいにしないのか、そっちのほうが不思議でなりません。

Q

充実した人生を送るには、常に目標があったほうがいいときいて、いつも最初に目標を設定するのですが、たいていそのとおりにいかず、あとで自己嫌悪にさいなまれます。それは僕の意志が弱いからなんでしょうか。

決めたらやる。できそうもないことには最初から手を出さない

私は、やると決めたことはやります。気持ちが悪いんですよ、やらないと。ましてや、やらないと誰かに迷惑がかかるならなおさらです。意志力というより、その人の性格だと思います。

ただ、がんばってもどうにもならないこともありますよね。たとえば、学校

の試験の点数。私は、一日これだけ勉強しようと計画を立てたら、それだけはもうやるしかないと、腹を括ってやることにしていました。でも、そうやって勉強したところが試験に出るとはかぎらないので、場合によっては寝ないで勉強したにもかかわらず、目を覆いたくなるような点数が返ってくることもありました。そういうときは「ああ、やっちゃった」。だって、すでに試験は終わっているのに、いまさら一喜一憂したってしょうがないじゃないですか。

それに、試験ができなくたって、誰にも迷惑はかからないでしょ。だから、学生時代は、自分でやるだけやったといえるだけ勉強したら、結果は問わないと決めていました。点数が悪かったら、次にまたがんばればいい。

割り切りというより、要するに開き直りですね。

この姿勢は、いまもあまり変わっていません。やるだけやったら、たとえ結果が悪くても引きずらず、すぐに切り替えて次のことを考える。いつも次、その次と、止まらないで先を見るようにしています。

あとは、明らかにできそうもないことには初めから手を出さない。だって、やってもできないんじゃ楽しめない。そんなの時間の無駄じゃないですか。

いつも目標が達成できないという人は、もしかしたらそのあたりの見極めができていないのかもしれません。目標が大きすぎないかどうか検証してみたらどうでしょう。

どうなるかやってみないとわからないっていうこともありますよね。そういうときは私なら、とりあえず一度チャレンジしてみます。それで、これはダメだ、自分には手に負えないし、好きになれそうもないと思ったら、次からは近づかない。ああ、いい経験をしたな、でいいんじゃないですか。

Q

努力している姿を人に見せるってカッコ悪くないですか。

努力はカッコ悪くなんてない。
努力する人はリスペクトされる。
私は結果だけじゃなく
努力しているところも一緒に見てほしい

え、なんで？
目標に向かって努力している姿って、メチャメチャカッコいいじゃないですか。

努力している自分を見られるなんてカッコ悪いという人は、結果だけで判断してくれたほうが気が楽だと思っているのかもしれませんね。

思ったような結果が出なかったとき、普段から努力している姿を見せていたら、「必死でがんばってこれだけかよ」って周りから思われる。でも、人目につくのは結果だけにしておけば、もしうまくいかなくても、「今回はたいして努力しなかったからこの程度だけど、本気出せば自分はこんなもんじゃない」って言えるというわけです。

あるいは、本当は徹夜で勉強したのに、ぜんぜん準備していないような顔でテストを受けていい成績をとって、「努力なんてしなくても、なんでもできちゃう俺ってすごくない？」っていうキャラが超イケてると思っているとか。

私は、そういうのは好きじゃありません、というかあまり理解できないな。努力は別に隠すものでもないし、努力しないでいい結果を出したからすごいというものでもないでしょう。それに、努力しないで手にできる成功なんてたい

したことない。本当にほしいものは、死ぬほど努力しなければつかめないです
よ、絶対。
レスリングでいえば、試合で勝ちたいなら誰よりも練習で汗を流すしかない。
楽をして強くなった選手なんて、私はひとりも知りません。
ただし、勝負を決めるのは練習の量や質だけでなく、生まれもった才能や、
当日のコンディションや、運などの要素も関係してくるので、努力をしたから
必ず勝てるかといったら、そういうものじゃないのもまた事実です。もっとは
っきり言ってしまえば、がんばってもがんばっても、どうしても試合で勝てな
い選手もいます。
では、そういう選手の努力は無駄なのでしょうか。
そんなことはありません。たとえ試合の結果に表れなくても、その努力はそ
の人の人生のどこかで、必ず花を咲かせ実を結ぶはず。私はそう信じています。
至学館大学レスリング部の栄監督も、大学四年間これだけ厳しい練習に耐えた

なら、社会に出て困難に遭遇しても、たいていのことは乗り越えられると、いつも言っています。

それに、ひたむきに努力する姿を見て笑う人なんていません。

練習がキツくて心が折れそうになっても、隣に歯を食いしばってがんばっている選手がいたら、「私だって負けるもんか」とファイトが湧いてきますよね。

だから、なりふりかまわず努力できる人は、チームにとって必要だし、リスペクトされないはずがないのです。

私は結果だけでなく、結果を出すために努力している姿も、できれば見てほしいといつも思っています。だって、ただ強いと思われるより、見ている人が、「こんなに苦しい練習をやっているから試合に勝てるんだ」とわかってくれたほうがうれしくないですか。

「吉田沙保里はいま、こんなにがんばってるんだよ。ねえ、見て見て」そんなことを考えながら練習している私は、やっぱりちょっと変わってますか?

Q

三〇代後半の独身女性です。仕事にはそれなりにやりがいを感じています。恋人はいませんが、一緒に旅行に行ったり、お酒を飲んだりする気の合う友だちは何人かいます。両親も元気で貯金も少しはあり、現在の生活にとくに不満はありません。でも、勤めている会社は決して安定しているとはいえないし、もし倒産でもしたら、事務職でこれといったスキルもないので、簡単に再就職なんてできないと思います。仮に仕事が見つかっても、一から新しいことを覚えたり、人間関係を築いたりできる自信がありません。将来の不安をどうやって解消すればいいのでしょう。

私だって将来は不安。不安を払しょくするには目標をもつこと。人生は挑戦。がんばろう

将来のことは私も考えますよ。

どんなにその競技が好きでも、あるいは、現在は第一線で活躍している選手でも、いつか引退しなければならないときは必ず来る、これはアスリートの宿命です。

私なんて、これまでレスリングばかりで、社会のこととかあまりよくわからない、ある意味究極の世間知らずじゃないですか。だから、将来が不安なのは私も同じです。

でも、不安だ不安だと嘆いていても仕方がないでしょう。だから、選手でいられるうちは、とにかくレスリングに集中です。それで、引退が近づいてきたら、次にやることを探しますよ。いまあるお金なんてあっという間に底をついちゃうだろうから、暮らしていくには働かないとね。

一応、中学・高校の保健体育の教員免許はもっているんですが、先生にはならないと思います。アテネオリンピックのあと、母校の三重県立久居高校に教育実習に行って、教職は自分には無理だってことがよくわかったので……。人を育てるって、ものすごく忍耐がいるじゃないですか。私は待っていられないんですよ。遅い子がいると見ていられなくて「ちょっと貸してごらん」って自分で全部やっちゃうんです。それで「さ、できた。次、行こう」って、そういう性格だから、まあ先生には向いていませんね。

同じ理由で、監督も私には難しいと思います。よく、「引退後は指導者でしょ」って言われますが、やらないです。自分のことは自分がいちばんよくわかっています。はい。まあ、監督を助けるアシスタントコーチぐらいだったらできるかな。

それよりも、新しい世界に挑戦してみたいですね。レスリングをやめることが決まったら、次はこれをやってみたいというものが具体的にみえてくると思うので、一つひとつ挑戦していきたいです。

やっぱり、それに向かって一生懸命になれる目標がないと、私の場合、力が出ないので。

結局、人生というのは挑戦の連続。そう思ってがんばって生きていきましょう。

Q

これまでダイエットに何度もチャレンジしましたが、いつも途中で誘惑に負けて挫折してしまいます。何かいい方法はありませんか。

続かないのは意志が弱いから。痩せたいという気持ちが本気なら痩せられるはず

ダイエットが成功しないというのは、突き詰めて言えば、本気で痩せたいという気持ちが足りないんだと思います。

要するに、意志が弱い！

あるテレビ番組で、二年間で一二五キロ減量した海外の女性を紹介していました。そこまで太る前になぜ気づかなかったのかというのはともかく、一念発

起すれば人間はそれぐらいのことができるのです。

ダイエットって相手があることではなくて、自分との戦いじゃないですか。それに、どうすれば痩せられるか、理屈もわかっているわけでしょ。

そうしたら、あとはそれをやるかやらないか、最終的には気持ちの問題です。

幸いにも私は、ダイエットで苦しんだ経験がありません。仲のいい四八キロ級の登坂絵莉選手は、食べるのが大好きなうえに太りやすいので、カロリー計算をしながらじゃないと好きなものも食べられない。本当にたいへんだと思います。

私は逆に、生後間もなく肺炎を患ったり、腸の病気で死にかけたりした影響で食が細いんです。そのため、レスリングの試合でも、高校まではスピードはあるけどスタミナがなく、前半はリードしていても、後半にもつれると逆転負けするということがよくありました。

それで、大学に入ると栄監督から、このままでは世界で戦えないと、徹底した食事管理をされるようになったのです。

朝食は抜きで夕食もご飯は食べても二口程度、その代わり大好きなお菓子は好きなだけ食べるという食生活から、いきなりお菓子禁止で一日五食です。監督に「もうこれ以上食べられません」と訴えても「食べることも練習だ」と許してもらえず、いつも最後は泣きながら食事をしていました。

お菓子を食べられないのも本当につらかった。でも、私は逃げ出さずに耐えました。

もっと強くなりたかったからです。

おかげで数カ月すると、明らかに体が引き締まって、スタミナに加えパワーも付いてきました。さらに、免疫力も高まって、それまでしょっちゅう風邪を引いたり熱を出したりしていたのに、それもなくなった。

あのころは監督のことをずっと恨んでいましたが、いまは心から感謝していますよ。

生まれつき自己管理が得意なんていう人はいないし、我慢や節制は誰にとっても苦しいに決まっています。その苦しいことをやるかどうか、決めるのは自分です。

ダイエットができないというのは、ダイエットしなければいけないという気持ちが本気じゃないからだと私は思います。

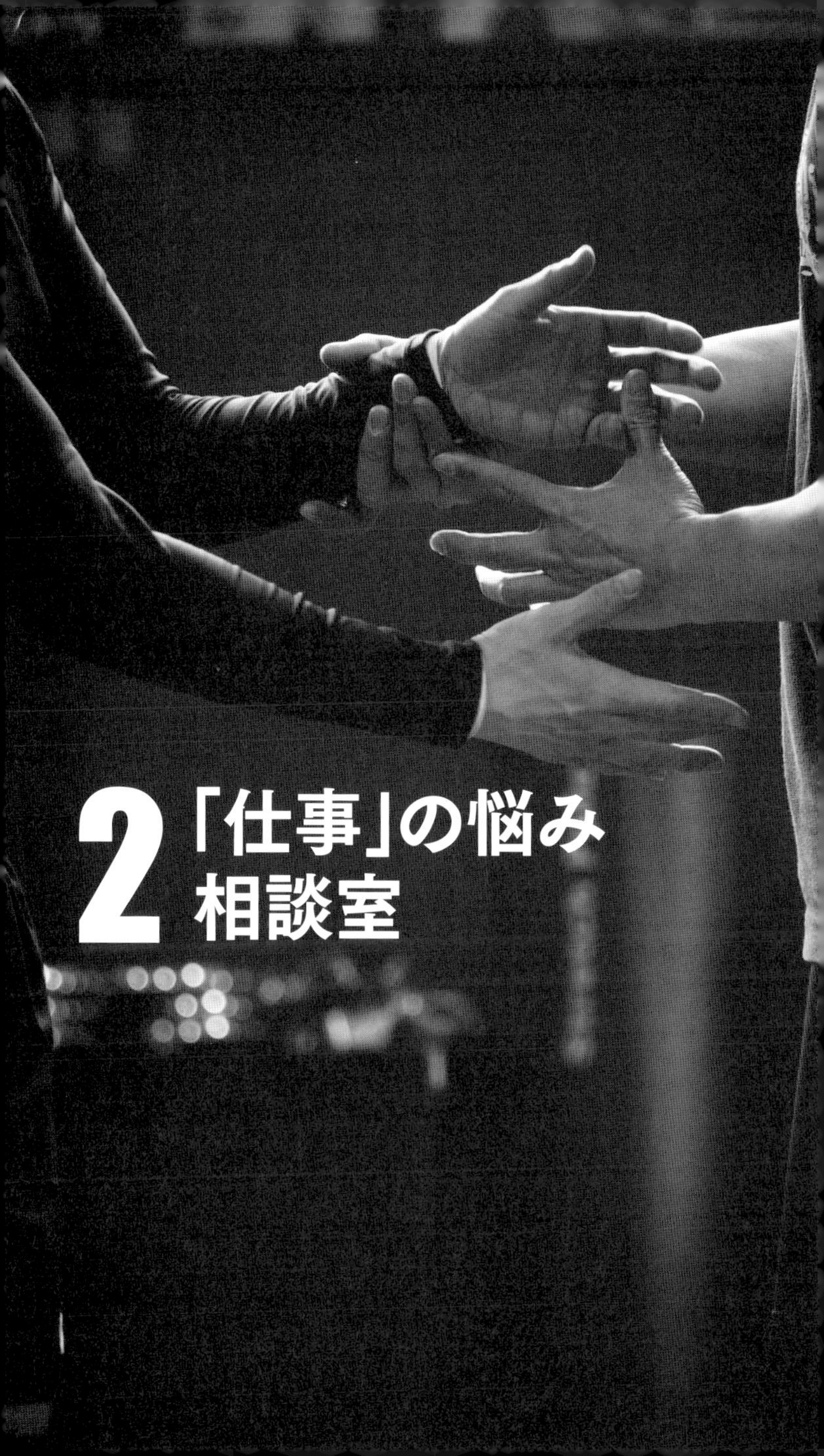

2 「仕事」の悩み相談室

Q

毎日の生活に充実感がありません。それは、たぶんいまの仕事が自分に向いていないからです。かといって、自分が何に向いているかわからないし、これをやりたいというものもとくにないので、転職してもきっと同じだと思います。吉田さんのように、天職を見つけるにはどうしたらいいのでしょうか。

向いているか向いていないかではなく、目の前の仕事をどうしたら楽しめるかを考えよう

私は三歳からレスリングをやっていますが、自分がレスリングに向いているかどうかなんて考えたことはありません。吉田家に生まれたらレスリングをやるのは当然であって、それ以外の余地はなかったからです。

好きも嫌いもよくわからないうちに「これをやれ」は反則といえば反則です。

でも、おかげで私はずっと退屈や不完全燃焼とは無縁のまま今日まで生きてこられたのですから、父には感謝しています。

そういうものがないという人は、やっぱり探したほうがいいですね。

ただ、それは向き不向きとは関係ないような気がします。それを言いだすと、あれもダメこれもダメで、結局何をやっても向いていないとなってしまうのではないでしょうか。

向き不向きよりもどちらかといったら、好きか嫌いかです。

私がつらい練習からも逃げ出さずがんばれるのは、なんだかんだ言ってもレスリングが好きだからにほかなりません。

充実感がないというのは、好きなことをやっていないからでしょう。いまの仕事が好きじゃなくて、他に何かもっと好きなことがあるなら、迷わずそれをやるべきです。それは何も仕事でなくてもいいと思います。主婦だって家事や育児が楽しくて、それが生き甲斐だという人は、きっと毎日が充実しているはずです。そうでなかったら、目の前の仕事を好きになって、どうしたらもっと楽しめるかを考える。

私だって、レスリングを始めたころは、楽しいも何もありませんでした。でも、やっているうちに、強くなって試合に勝つとメダルや賞状がもらえて、みんなにもほめてもらえるということがわかってきた。それで、もっと強くなりたいとがんばって練習するようになり、気がつけば、レスリングなしの人生は考えられなくなっていたのです。

だから、まずどうしたら仕事が楽しくなるか、いろいろ工夫してみるといいと思います。どこかに自分に向いている仕事があって、うまくそれが見つかれば充実した毎日が送れるなんて幻想ですよ。

Q

自分では精いっぱい努力しているつもりなのに、なぜか上司があまり評価してくれません。もっと自己アピールしたほうがいいのでしょうか。

アピールよりも直接きいてみたら

そういうことって、どこの世界にもありますよね。たぶんこの人は、上司と相性が悪いんですよ。

私だったらどうするかな。まず、どうやってもっと自分をアピールしようとは考えないですね。それより、その上司と話をして、「私はこれだけやってるのに、どうしてこの評価なんですか」って直接聞くと思います。そうやってお互い言いたいことを言い合ったほうがいい。絶対スッキリします。

私はとにかくモヤモヤしている状態が大嫌い。物事はなんでも白黒をはっきりつけたいし、ちゃんと理由を知りたいんです。

相手が上司なら、部下が話をしたいと言えば、ダメだとは言わないでしょう。

それに、評価に納得できないので理由を教えてほしいと尋ねても、失礼には当たらないはずです。

あとは、家族や親しい友人に相談して意見をきくのもいいかもしれません。

とにかく、ひとりで抱え込んで悩むのは最悪。ひとりで抱え込んでいい方向に行くことって、あまりないと思います。

Q. 逆境に強くなるにはどうしたらいいですか。

試練と友だちになる

誰だってつまずいたり、傷ついたりしたくないですよね。でも、そうかといって安全な道ばかり選んでいると、慣れたことや安心できることにしか手を出さなくなります。これってものすごく損をしていると思いませんか。だって、それは新しいことに挑戦しないってことでしょ。

挑戦しなければ失敗もありません。けれども、得られるものも限られてきます。それに、人生って一度きりですから、できることしかやらないなんてもったいない。私なんてあれもやってみたい、これも試してみたいということばかり。失敗して傷つきたくないなんて理由で躊躇していたら、すぐにおばあさん

になっちゃいますよ。

あの人いいな、つきあいたいなと思っても、断られるのが怖いからと自分からアクションを起こさなければ、いつまで経っても二人の関係はそのままです。でも、勇気を出して気持ちを伝えたら、案外向こうもあなたに好意をもっていて、そこから交際が始まるかもしれません。黙っていたら確率はゼロ。告白した人だけにチャンスは与えられるのです。

ふられたって、それはそれでいいじゃないですか。そのときはつらいかもしれないけど、その経験は絶対にマイナスにはなりません。たとえば、ふられてもショックはこんなもんなんだってわかれば、次に告白するときのハードルが下がりますよね。そうしたら気持ちを伝えるのが怖くなくなって、もっと積極的にいろいろな人にアタックできるようになるので、成功確率も高まるというものです。仕事だって、いまの実力じゃ難しそうなことにあえて挑むから、能力がストレッチするんじゃないですか。

いいことを教えましょう。試練は遠ざけるのではなくて、逆に歓迎し、友だちになるんです。もっと上を目指したい。もっと成長したい。もっといい女・いい男になりたい。そういうふうに前向きに生きている人にしか、試練は訪れません。

レスリングでも、高い目標をもっている人ほど数々の試練に見舞われるし、またそれを乗り越えることで、選手としてのレベルが上がっていくのです。楽なことしかしないで強くなった選手なんて、私はひとりも知りません。

だから目の前に壁が立ちはだかったら、「よしよし、自分はちゃんとチャレンジングな人生を送っているぞ」と、まずそのことを喜んでください。

そして、「この試練を乗り越えたらまた成長できる」と思って、逃げずに真っ直ぐぶつかっていくのです。

試練は友だち、逆境上等でいきましょう。

Q いざというときになると緊張して力が発揮できません。

「うまくやろう」から「楽しんじゃおう」に発想を変える

緊張するのは要するに、うまくできるかどうか不安だからですよね。それはある意味仕方がありません。私だって試合の前は緊張します。

レスリングでいちばん緊張したのは、二〇一二年のロンドンオリンピックのときです。その二カ月ほど前に東京で行われた女子ワールドカップ団体戦決勝で、私はロシアのワレリア・ジョロボワに敗れ、連勝記録が途切れていました。

実は、二〇〇八年の北京オリンピックの前も、私はワールドカップ団体戦で敗れて、それまでの公式戦一一九連勝という記録がストップしたのです。ただ、そのときはオリンピックまでまだ半年以上ありました。それで、じっくり時間をかけ敗因を分析して対策を練り、さらにアジア選手権と全日本女子選手権の二つの大会に参加して、いずれも優勝。これで、自分はさらに強くなっていると確認できた私は、自信をもってオリンピック本番に挑むことができたのです。

しかし、ロンドンオリンピックのときは少々勝手が違いました。敗戦からオリンピック本番までの時間が短かったため、練習で鍛え直して弱点の克服はできたものの、それで本当に大丈夫かどうかを、試合に出て試す機会がありませんでした。

加えて、ロンドンオリンピックでは私が、開会式で日本選手団の旗手を務めることになったのです。女子レスリングは大会の後半なので、他の選手は直前まで国内で練習してから現地入りしますが、旗手はそれが許されず、開会式前から現地で調整しなければなりません。おまけに、旗手は金メダルを獲れないという不吉なジンクスも耳にしました。

また、試合が近づくにつれて、オリンピック三連覇の重圧も大きくなってきます。

このときばかりはさすがに不安で、試合前日は緊張で眠れないという経験を、生まれて初めてしました。

ただし、私の場合、どんなに緊張してもそれはマットに上がるまで。試合が始まれば自動的にスイッチがオンになり、勝負に集中できます。

誰よりも練習をやってきたという自信が、緊張感を消し去ってくれるのです。

そして、ロンドンオリンピックでは、四試合すべて失点ゼロで金メダルを獲得しました。

レスリング以外では、やっぱり慣れていないことをするときは緊張します。

二〇一五年、初めてテレビドラマに出たときがそうでした。セリフはそれほど多くはなかったのですが、表情で演技をするところもあって、やる前は私にできるかなと、ものすごく緊張していました。

でも、撮影が始まってしまえば、もう楽しんじゃおうと開き直りです。実際、すごく楽しかった。ドラマって、同じシーンを前からとか後ろからとか何度も撮影するんですよ。「わあ、ドラマってこうやってつくるんだ」って、そういうのがわかるのも楽しい。

同じテレビでもバラエティはほとんど緊張しません。最初から楽しもうと思って出演するので、逆にいいストレス発散になります。

不慣れなことは、うまくやろうとあまり肩に力を入れず、楽しんじゃおうという発想で事に当たるのが、緊張しない秘訣かな。

3 「恋愛」の悩み相談室

Q

好きな人がいます。思いを伝えたいのですが、告白して相手にそんな気持ちがなかったらそのあとが気まずいし、もしかしたら相手に彼女がいるかもしれません。吉田さんは男の人を好きになったらどうしますか。

好きという気持ちを伝えなければ何も始まらない。あとのことはそれから考える

この人いいな、つきあいたいなと思ったら、私なら即、告白です。ふられたらどうしようとか、それは少しは考えますよ。でも、そうなったらそのときはそのとき。あれこれ思い悩んでばかりいたら何もできなくなってしまいます。

それに、告白するときはたいてい「この人も私のことが好きに違いない」と

思っています。だって、私のことが嫌いだっていうオーラを出している人を、わざわざ好きにはならないでしょ。もう恋愛に関しては、究極のプラス思考です。

この勢いで高校時代は同じ相手に六回告白しました。

彼は野球部で、もともと女子バレーボール部の先輩のことが好きだったんですよ。それで、私がその先輩と仲がいいと知って、相談に乗ってほしいとお願いされたんです。そのときは、彼のことをまだなんとも思っていませんでした。

ところが、休み時間や学校の帰りにいろいろ話をするようになったら、彼の真っ直ぐで情熱的なところがどんどん魅力的にみえてきて、今度は私が彼のことを好きになっちゃった。バレーボール部の先輩には彼氏がいたのも、私にとってはラッキーでした。

それで、思い切って「つきあってください」って手紙を書いて渡したんです。いまだったら面と向かって言いますけど、高校生だったんでちょっと純情だったんですね。

それで、見事にふられました。

そのときは、さすがにショックでしたよ。同じクラスだから毎日顔を合わせるんだけど、なんとなく気まずくて、前みたいに「おはよー」って声がかけられない。それで、二、三日そんな感じでいたら、それを見ていた友だちが「あんたら何やっとるの、なんか変だよ」って間に入ってくれて、それで、まただんだん前みたいに話せるようになったんです。そうしたら「私、やっぱりこの人のこと好きやわ」っていう気持ちがよみがえってきて、それで告白してまたふられる。それを六回繰り返したわけです。まあ、三回目ぐらいで気づけよって話なんですが。

ちなみに、彼はもう結婚して子どももいるんですけど、いまごろきっと私をふったことを後悔していると思いますよ（笑）。

好きになった相手に彼女がいたら？　私ならとりあえず、好きだという自分の気持ちは伝えます。黙って遠くから見守るだけっていうのは、どうも気持ちがすっきりしないし。何も起こらなかったらそれはそれ。次にいけばいいんです。

思い悩んでうじうじしているより、そうやって一つひとつ結論を出していったほうが、絶対にいい。私はそういう生き方が好きです。

Q

ガツガツくる肉食系といま流行りのスマートな草食系、彼氏にするならどちらがおススメですか。

絶対肉食系（キッパリ）

私が好きなのはまず一緒にいて楽しい人。だから無口な人は苦手ですね。それから、できればイケメンがいいかな。たとえば……あまり具体的に書くとまたネットでいろいろ書かれてしまうので、個人名は控えさせていただきます。

あと草食系か肉食系かといったら、一も二もなく肉食系。優しくても「君の行きたい店でいいよ」「何食べる?」って、自分で決められない優柔不断な人は、どうにも我慢なりません。私、短気なので。それより、「黙ってついてこい」タイプの人のほうが絶対いい。それで、思いっきり甘えさせてくれるなら、もう何も要りません。愛されたいけど、私もそれ以上に愛したいんです。わか

りますか。そういう理想の人が現れたら、もうすぐにでも結婚したいです。もちろん子どもも産みたい。

子どもには、できればレスリングはやらせたくありません。だってたいへんだし、私の子どもってことでプレッシャーもすごいだろうし。でも、やっぱりやることになるんでしょうね。吉田家の血を引いちゃったらしょうがないか。

結婚したら弱くなるなんてことは、私にかぎっては絶対ないので安心してください。逆に、愛するこの人のために何が何でも負けられないという気になるはずだから、必ずいま以上に強くなる。断言できます。

二〇二〇年の東京オリンピックのときは、結婚してママになっているかもしれません。そうしたら戦う姿をダンナさんだけじゃなく、子どもにも見せなければならないでしょ。そのときはきっと、自分で想像するのも怖いくらい強くなっていますよ。

Part II

吉田沙保里の勝利の方程式

4 勝ち続けるために何をすべきか

がんばったもの勝ち

勝つためにはどうするかといったら、練習です。練習しかありません。問題は、その練習はたいていの人にとって、決して楽しくないということです。きついし、苦しいし、痛いし……。真夏の炎天下や真冬の寒風吹きすさぶなか、自分より体重のある人をおんぶして外を走ったり、天井から吊るされたロープに床に座った状態から腕の力だけで何度も登ったりするのが、楽しいわけないじゃないですか。

練習が楽しくてたまらないなんていう変わり者は、女子五八キロ級リオデジャネイロオリンピック代表の伊調馨選手くらいです。自慢じゃありませんが私は、練習が楽しいなんて感じたことは、子どものころから一度だってありません。練習しなくても強くなれるなら、ちびっこには申し訳ないけど、私、今日から練習やめます。

でも、練習しないと絶対に試合に勝てない。いまより強くなれないのはわかっているから、がんばってやるわけです。

よく、目標をもちなさいって言われますよね。私もそう思います。オリンピックで金メダルを獲るでも、次の試合に勝つでも、ライバルを倒すでもなんでもいいんです。絶対にこれを達成する、自分はこうなってみせるという目標があればこそ、苦しい練習にも耐えられるのです。

自分は強くならなくてもいい。レスリングが楽しめればそれでじゅうぶん。だから、練習もほどほどにしておこう。そういう考え方には賛成できないし、理解もできません。

だって、日ごろから適当な練習しかしていなければ、試合に出ても絶対に勝てない。楽しもうと思っても、いつも負けてばかりじゃ楽しめないでしょう。

試合に勝てばコーチにほめてもらえるし、応援に来てくれた人も喜んでくれる。自分がこれだけ強くなったというのを実感することもできます。一度そういう気分を味わうと、よし、次も勝とうという気持ちが湧いてくる。

じゃあ、勝つにはどうするの。

もっと練習するしかないよね。

それで、みんな厳しい練習に取り組んでいるのです。

だから、子どもたちに教えるときは、やっぱり楽しいばかりじゃなく、しんどくても強くなるために必要なことは、きちんと練習させるようにしています。

父はよく「がんばったもの勝ちだよ」と言っていました。練習でどれだけがんばったかが試合に出る。勝ちたければ人より余計にがんばるしかない。単純だけど、結局はそういうことなのです。

ただ、高校生、大学生になってレベルが上がってくると、個々の目標も単に「勝ちたい」から、「オリンピック代表」といったより高いものになってきます。

そうすると、がんばって練習しても、それがなかなか結果に結びつかず、悩んだり挫折したりする選手も少なくありません。

私の母校で現在も練習拠点としている至学館は、高校・大学一貫教育なので、レスリング部も、高校生と大学生が同じメニューでトレーニングに励んでいます。部員は約三〇人。その中には、どうしても試合に勝てないという選手もたくさんいます。

そういう人は同じ練習をしていても、この苦しみが明日の勝利に結びつくという確信がもてないので、やっぱりつらいと思います。かといって、そういう選手に合わせて練習のレベルを下げることはできないので、死ぬ気で食らいついてこいと言うしかありません。

では、そういう人には「がんばったもの勝ち」は当てはまらないのでしょうか。

私は、そうではないと思います。苦しみに耐えて必死で練習したのに、ついに試合で勝てなかったとしても、七年間がんばり抜いたという事実は自分の歴史に確実に刻まれます。そして、それは何にも代えがたい自信となるからです。卒業して社会に出れば、いろいろな困難が待ち受けているでしょう。そんなとき、がんばった人は、こんなものレスリングの厳しさに比べたらたいしたことないと、きっと言える。

だから、やっぱりがんばったもの勝ちなんです。

メンタルを鍛えるのは環境と意志

試合で組めば、相手の力はどれくらいかや、どの程度の技術があるかはすぐにわかります。でも、この選手のメンタルが強いのか弱いのかは、組んだだけではっきりしません。

メンタルの強さというのは、見た目に表れるものではないので、鍛えるのもまた難しいといえます。

私のメンタルはどうかといったら、まあ強いほうかもしれません。

それは、吉田家という環境が強くしてくれたのです。

子どものころからずっと私は、父の目の届くところでレスリングをやってきました。学校が終われば走って帰ってきて自宅の道場で練習。週末は出稽古か大会ですから、休みなんてありません。大きくなるにつれて、ウチは友だちの家とだいぶ違うことが薄々わかってきましたが、だからといって友だちみたいに、休みの日には遊びに行きたい、もっと自由な時間がほしいなどと、父に文句を言ったことはありません。

ウチはウチ、ヒトはヒト。そして、ウチすなわち吉田家の中心にあるのは、いついかなるときもレスリング。それが父の揺るぎない考え方でした。

専修大学時代にレスリングで全日本選手権を制している父は、レスリングに関してはいっさいの妥協を許しません。しかも、とてつもなく怖いので、家族は何を言われても「はい」と従うしかないのです。

「熱があっても、一度は道場に来てシューズを履け」

父からそう言われたら、そうするしかない。吉田家に生まれるというのは、そういうことなのです。

いまでも忘れられない出来事があります。全国大会を一カ月後に控え、気合いが入りすぎたのか、私は練習中に左手首を脱臼骨折してしまったのです。緊急手術を受け、手首の折れた部分を三本のボルトで固定し、さらに全体をギプスで覆われたため、左手は動かすこともままなりません。

そのときの全国大会の優勝者は、自動的にフランスで行われる世界大会に、日本代表として参加する資格が与えられることになっていたのですが、この状態では優勝どころか、戦うのも無理です。当然、大会は欠場だと思っていました。

ところが、父はそんな私の姿を目の前にしながらこう言ったのです。

「片手でも戦える」

私は耳を疑いましたが、父は平然としています。もちろん、反論の余地などあるはずもなく、これで強行出場が決まりました。

困ったのがギプスです。いくらなんでもギプスをしたまま試合はできません。おまけに、手術をしたばかりの私の左手首からは、三本のボルトが肌を破って二センチも突き出ているのです。

仕方がないので母と一緒に病院に行き、渋る担当医に親子で何度も頭を下げ、ボルトの突き出ている部分を削ってもらいました。それで、試合当日はその部分をテーピングでぐるぐる巻きにして出場したのです。

といっても左手首は折れたままですから、私にできるのは右手一本のタックルだけ。でも、父はそれで勝てると言います。

そして、私は本当に片手だけで戦って、優勝してしまいました。

いま考えると、あまりに無謀としか言いようがありませんが、父にとってはこれくらいのことは、常識の範囲だったのでしょう。

さらに、私はそのあとフランスで開催された国際大会でも優勝しました。

こういう環境で育てば、それはイヤでもメンタルは強くなります。

だから、メンタルを鍛えたいなら、できるだけ厳しい環境に身をおくことです。

最近は、ちょっと厳しくするとすぐにパワハラで訴えられたりするからでしょうか。昔のように鬼コーチが選手をとことん追い込むような練習風景は、どの競技でも少なくなっているように思えます。もちろん、暴力には私も反対です。父も、殴って言うことをきかせるようなことはしませんでした。

でも、選手のメンタルを強化するためには、ある程度の厳しさは、たとえそれが理不尽であろうと、絶対に必要です。限界のはるか手前で楽なことばかりやっていて、精神的に強くなろうと思っても、そんなのは無理に決まっています。

あとは、やっぱり自分の意識。

イチロー選手は高校に入学して野球部の寮に入るとき、寝る前の一〇分間は必ず素振りをすると決め、それを卒業まで一日も欠かさず続けたという話をきいたことがあります。

素振りならやる気さえあれば誰だってできます。だけど、それを三年間続けるには、強靭な精神力が必要です。

イチロー選手だってきっと、今日は疲れているからさぼろうとか、一日休んでもどこかで取り返せるとかいう悪魔のささやきに負けそうになったことだってあると思います。

だけど、負けなかった。妥協しなかった。

そうやって自分で自分の心を鍛え、強靭なメンタルを獲得したからこそ、後に日米で数々の記録を打ち立て、歴史に名を刻むようなすごい野球選手になることができたのです。

苦しくても絶対に相手より先にギブアップしない、強い心の持ち主になる。絶対になってみせる。

そういう覚悟がなければ、いくら世界チャンピオンに教わっても、メンタルを強くすることはできません。

練習環境は重要だが絶対条件じゃない

小さいころは自宅の道場、大学から先は至学館で練習していますが、練習環境が悪いと感じたことはないです。至学館大学の道場は決して広くはありませんが、練習パートナーに日本チャンピオンや世界チャンピオンがゴロゴロいますから、そういう意味では最高の環境だと言えます。

もし、現在の練習環境に不満を感じているなら、理想に近いところを自分で探して、出稽古に行かせてもらったらどうでしょう。そうしたら、活路が開けるかもしれないし、強くなれないのを環境のせいにしていたことに気がつくかもしれない。

いずれにせよ、文句や愚痴ばかり言っているだけじゃ、何も変わりません。大事なのはアクションを起こすことです。

練習環境はもちろん大事ですが、かといって、レスリングは環境さえよければ強くなれるというものでもないので、私自身は、あまりそのことで神経質にならなくてもいいと思っています。

むしろ、大事なのは指導者の力のほうです。

人間ですから、合う合わないというのもあるし、この人に付いていこうという気にどうしてもなれない監督やコーチの下で練習していても、まず強くなれないでしょう。

私は、厳しいんだけどその厳しさの中に優しさを秘めた、まさに父や栄監督のような人が、いい指導者だと思います。

たとえば、父は道場では誰もが震えあがるくらい厳しい人でしたが、教え子のちびっ子たちは卒業しても、ちょいちょい顔を出してくれるんです。

ただ怖い顔をして怒鳴っているだけでは、そうはなりません。

父の厳しさは、その子を強くしてあげたいと思うゆえの厳しさなんです。だから、あとになって、自分は愛情を込めて育ててもらったんだということがわかると、道場が無性になつかしくなるのだと思います。

また、父はああ見えて案外ほめ上手なところもありました。

教えてもできないと「なんでできないんだ」と怒ってもう一回やらせる。またできないと、また怒る。それで五回やってもできなくて、六回目にようやくできたら「ほら、できたやないか」とほめるんです。そうすると、それまで怒られて半べそをかいていた子も、技が習得できたのと、ほめられたことの両方がうれしくて、思わず笑顔になる。決して怒って終わりじゃない、それが父の教え方なんです。

私も父にはかなり怒られましたけど、レスリングに関しては、ほめられた回数のほうが怒られた回数より圧倒的に多いと思います。割合でいったら八対二ぐらいかもしれません。

でも、それは私だから。兄たちは、きっとこの逆の比率だと言うと思います。

練習はいろいろなタイプの選手とやる

試合相手の研究は一応しますが、基本は自然体です。

だから、相手が想定外のことをやってきても、試合中パニックになるようなことはありません。せいぜい「うわ、こんなことやるんだ」とか「やりづらいな」とか、一瞬思うくらいです。

頭が真っ白になってセコンドの指示も耳に入らないなんてことになったら、もうその試合に勝つのは難しいでしょうね。私にはそういう経験はありませんが。

だいたい、レスリングにはさまざまな技があって、戦い方も人それぞれですから、この選手はこうくるというようにあまり決め込まず、流れの中でベストの選択肢を選んで戦っていくのが、私はいちばんいいと思います。

ただ、いつも同じ人とばかり練習をしていると、とっさの応用力はなかなか身につかないかもしれません。

その点、私が練習している至学館大学レスリング部は、高校生も一緒のため人数が多く、いろいろなタイプの選手とスパーリングを行えるので、応用力を養うにはもってこいの環境だと言えます。

ライバルは必要

人間の心はそんなに強くないので、練習中に監督がいないとつい気を緩めて手を抜いたり、「昨日がんばったから今日はこれくらいでいいや」と自分を甘やかしたりする弱い心が、必ず顔をのぞかせます。

あるいは、最初は競技に新鮮な気持ちで取り組んでいた選手が、時間の経過とともに緊張感を失い、いつの間にかただ練習をこなすだけになっているというケースも、決して珍しくありません。

こういった気の緩みやマンネリ化に陥らず、高いモチベーションを保ち続けるには、工夫が必要です。

ひとつは、心の底から達成したいと思える目標をもつこと。

そして、もうひとつは、ライバルです。

この選手には負けたくない、あるいは絶対倒したいというライバルがいれば、毎日の練習に身が入らないわけがありません。それはそうでしょう。この時間もライバルは必死で練習していると思ったら、さぼろうなんていう気にはならないどころか、どんなに練習してもまだ足りない、もっと厳しく自分を追い込まないと不安で不安でたまらないという心境になるはずです。ましてや、そのライバルに過去こっぴどくやられていたら、なおさらそういう気持ちが強くなるでしょう。

私もそうでした。

山本聖子さん。かつての私の最大のライバルです。

彼女との初対決は、中学二年で出場した一九九六年JOC杯ジュニアオリンピックの決勝。そのときは二歳年上の聖子さんに、まったく歯が立ちませんでした。

それからもまるで勝てず、気がつけば二〇〇一年全日本女子選手権まで、私は聖子さんになんと五連敗です。

その聖子さんに初めて勝てたのは、二〇〇二年のジャパンクイーンズカップ。私より九センチも身長が高く、手足も長くて、抜群の運動能力をもつ聖子さんに勝つためには、自慢のスピードのあるタックルだけでなく、スタミナとパワーをつけなければダメだと、二〇〇一年に大学入学後、栄監督の指導の下で食事の回数を増やし、ウエイト・トレーニングで腕力を徹底的に鍛えました。その成果がようやく結果に表れたのです。

そして、二〇〇四年のジャパンクイーンズカップでは、前日四〇度近くまで上がった熱を、点滴と座薬でなんとか三七度台まで下げての強行出場だったにもかかわらず、宿敵の聖子さんを六対一で破り、アテネオリンピック五五キロ級代表の座をこの手につかんだのです。

アテネ大会は女子レスリングが正式種目となる最初のオリンピックだったの

で、うれしさもひとしおでした。

いちばん印象に残っている試合はどれかときかれたら、私は迷わず、聖子さんに勝ったこの試合を挙げます。

その聖子さんもすでに引退してしまいました。いまは、この人には絶対勝ちたいという特定の選手はいません。

でも、ライバルはいますよ。

それは、世界の全選手です。

私と同じ階級の選手は、誰もが私のタックルや戦い方を研究し、対策を練って挑んできます。そういう人たちの挑戦を受け、ひとり、またひとりと倒していく。それが頂点を行く者の宿命なのです。

プレッシャーはハンパありません。でも、そうやって目標とされるから、のんびりしてはいられない。毎日一ミリでもいいから成長しようという気持ちでがんばれるのです。

5 ルーティンは私には不要

勝負に優しさは邪魔

レスリングの選手にもいろいろな性格の人がいます。そして、性格というのは必ず戦い方にも出てきます。

普段おっとりしている人は、試合でもスピードがなかったり、瞬発力が欠けていたりするので、なかなか勝てません。また、心が優しすぎる選手は、練習でせっかくいいタックルが入っても、相手が壁にぶつかりそうになった途端、思わず力を抜いたり手を離したりしてしまいます。そうすると試合でもその癖が出てしまうのです。それで、攻めているのに簡単にバックに回られて、ポイントを奪われてしまう。そうすると、「おまえはそういう性格だから勝てねえんだよ」って監督から怒鳴られるわけです。

では、強い選手はというと、これは例外なく負けず嫌い。

たとえば、女子六九キロ級リオデジャネイロオリンピック代表の土性沙羅選手。彼女のことは小さいころから知っていますが、筋金入りの負けず嫌いです。道場でスパーリングするときも実戦さながらの気合で向かっていくので、相手を壁に叩きつけるなんて日常茶飯事。もちろん先輩だって容赦しません。

それぐらい強い気持ちの持ち主じゃないと強くなれないし、世界では戦えないのです。

レスリングというのは格闘技ですから、やっつけにいかなければ反対にやられてしまいます。

大事なのは絶対に勝つんだという強い気持ちをもち続けること。

それ以外の遠慮や優しさは、マットの上では必要ない、というか、はっきり言って邪魔です。

私もものすごく負けず嫌いですよ。日常生活でも負けるのはイヤ。たとえじゃんけんだって負けたら「クソー、もう一回」って勝つまでやめません。勝負事は絶対に勝たないと気がすまないんです。

二〇一五年全日本選手権大会決勝で、私は前年覇者で同門の菅原ひかり選手相手に、担ぎ上げて後ろに投げ飛ばす「水車落とし」で、豪快にテクニカル・フォールを決めました。周囲からはやりすぎなんて声もあったみたいですが、とんでもない。あれは反則でもなんでもない。それに、練習でもあれくらいのことは当たり前にやっているんです。それでも一応、菅原選手には「大丈夫だった？」と声はかけておきましたけど。でも、それは終わってからの話。試合中に気づかいは無用です。

とにかく、試合になると私は練習のとき以上にアドレナリンが出まくります。とくにそれが顕著なのが、外国人のかわいい選手と戦うとき。いるんですよ、海外にはときどき、美形で手足が長くてスタイルのいい、モデルみたいな選手が。そういうときは燃えますね。「よし、ブン投げてやる！」ですよ。

私、本当に自分が女でよかったと思っています。男だったらきっと、試合で何人か相手を殺してるかもしれません（笑）。

最後は勝ちたい気持ちが強いほうが勝つ

ハングリー精神って、最近はあまり流行らないのかな。でも、勝負の世界では、最後はこれです。実力が拮抗していたら、勝ちたいという気持ちが強いほうが絶対に勝ちます。

私は、いまでも五歳で初めて試合に出たときのことが忘れられません。男の子と戦って負けてしまった私は、無性に悔しくなって泣きじゃくりました。そして、私に勝った男の子が表彰式で、金メダルを首にかけてもらっているのを見て、「私もあれがほしいよぉ」と父に訴えたのです。

すると、父はそんな私の肩に手を置いて、一言一言噛んで含めるように、こう教えてくれました。

「いいか、沙保里。あの金メダルはな、スーパーやコンビニには売ってないんだよ。がんばって練習して強くなって、試合に勝った子しかもらえないものなんだ。だから、勝てるよう一生懸命練習しよう」

五歳ですから父の言葉の意味が、完璧に理解できたわけではないと思いますが、とにかく私は金メダルがほしくてほしくて、それはがんばって強くならないと自分のものにならないということだけはわかりました。

そこからです、私の負けず嫌いが始まったのは。

昔は、同じ勝つにしても絶対にフォールしたいとか、テクニカル・フォールじゃなきゃイヤだとかいう色気のようなものもありましたが、いまは、一点差でも勝ちは勝ちだと思って試合に臨んでいます。まあ、余裕がなくなってきたと言えなくもありませんが、勝ちたいという気持ちが年々強くなっているのはたしかです。

よく、試合後に、負けはしたけれど強敵相手に善戦できて満足した、みたいなコメントをする人がいますが、冗談じゃありません。勝負は勝たなければダメ。絶対にダメです。

また、いかに勝つためとはいえ、相手がケガをしているところを狙うのはスポーツマンシップに反するという意見にも反対です。

一九八四年のロサンゼルスオリンピック柔道男子無差別級決勝で、日本の山下泰裕選手と対戦して敗れたエジプトのモハメド・ラシュワン選手は、あえて負傷していた山下選手の右足を攻めなかったことがメディアで美談として取り上げられて、立派な銀メダルと話題になりました。でも、それだって本当は、もともと相手の左足を攻めるのが得意だっただけなのかもしれません。

それに、もしあえてケガをしているほうを攻めたとしても、卑怯でもなんでもないと私は思います。ケガをしたのは自分の責任だし、棄権せずに出てきたのは、戦えるってことでしょ。それに、「ケガをしたところを狙うのは立派な戦略である」と、当の山下さんも言っています。

私、勝負に対しては厳しいですよ。ずっとそうやって生きてきましたから。とにかくレスリングは勝ってナンボ。私はあくまで勝ちにこだわっていきます。リオでは、トレードマークの高速タックルを捨ててでも勝ちにいくので見ていてください。

挫折するから強くなれる

私が本当に強くなったのは、二〇〇八年一月一九日に行われたワールドカップ国別対抗対アメリカ戦五五キロ級で、マルシー・バンデュセン選手に敗れてからです。

それまで私は、二〇〇一年の全日本女子選手権準決勝で山本聖子選手に判定で敗れて以来誰にも負けることなく公式戦一一九連勝中でした。また、国際大会も二七大会連続優勝中で、外国人選手には一度も負けたことはありません。

ましてや相手のバンデュセン選手はほとんど無名の選手。高校生のとき一度だけ対戦したことがありますが、そのときは私がテクニカル・フォールで圧勝しています。

だから、このときも試合に負けるというイメージは、私の頭にはこれっぽっちもありませんでした。もっと言うなら、このまま引退まで無敗のままいけると、当たり前のように思っていたのです。

ところが、この試合では、自分では決まったと思い、主審も認めたタックルが二度も、直後のビデオ検証で相手の「返し技」に変更されてしまい、結局二対〇の判定で敗れてしまいました。

二二一九日ぶりの敗戦。

納得しかねる判定だったとはいえ、負けは負けです。

「この私が負けた。それも強豪とはいえない外国人選手に」

予期していなかった結末に、私は頭が真っ白になりました。

それだけではありません。私が勝てなかったことで、日本チームもまた優勝を逃してしまったのです。

実は、その前年のワールドカップで、日本は二位に終わっていました。そのため、二年連続優勝を逃すわけにはいかないという気運が、大会前から高まっていたのです。それなのに、私が負けたことで台無しになってしまった。みんなに申し訳ないという思いも相まって、さすがの私もこのときばかりは、しばらく立ち直ることができませんでした。

生まれて初めての強烈な挫折です。

そんな私を救ってくれたのは、父、母、そして「一志ジュニアレスリング教室」の子どもたちでした。

「その悔しさをもって家に帰ってこい」

試合直後、どうしていいかわからない私は、ホテルの部屋から日本の父に、すがるような思いで泣きながら電話をかけると、受話器の向こうからはそんな言葉が返ってきました。

数日後、帰国した私は言われるままに三重県の実家に戻ったものの、まるで気力が湧かず、何も手につきません。そんな抜け殻のようになった私に、最初に声をかけてくれたのは母でした。

「これまであなたに負けた人たちも、同じように悔しい思いをしてきたのよ」

母・幸代は、私が小さいときからずっと、試合があれば、毎回会場に駆けつけ声援してくれる力強い応援団であり、いまでも私のいちばんの理解者です。

娘の連勝記録が途切れたことは、母にとってもショックでないはずはありません。それなのに、すぐに冷静さを取り戻し、私が見失っていた大事なことを教えてくれたのです。

一方、父は、とくに私に何を言うでもなく、相変わらず自宅に併設されているレスリング道場で、毎日子どもたちにレスリングを教えています。私もやることがないので、父の隣に座ってただそれを見ていました。

すると、だんだんとレスリングを始めたばかりのころの記憶がよみがえってきたのです。

あのころは純粋にレスリングが好きで好きでたまらなかった。

苦しくてもつらくても、これで強くなれると思ったらがんばれた。

いつもは怒鳴られて泣いてばかりだけど、たまにうまくできるとほめてもらえる、それがたまらなくうれしい。

そんな自分の原点ともいえる感覚を、目の前の子どもたちが思い出させてくれたのです。

同時に、私はこの子たちの手本にならなければならないのだから、いつまでも落ち込んでなんていられないと、気持ちまでいつの間にか前向きに変わっていました。

子どもたちのためにも、吉田沙保里はもっともっと強くなる。そう心を決めて練習に復帰したのは、敗戦から六日後のことです。

復活を証明するには、七カ月後の北京オリンピックで優勝するよりほかありません。私は口惜しさを忘れないために、ワールドカップ団体三位の銅メダルと、私の敗戦を報じる新聞の切り抜きを自分の部屋に飾ると、二度と相手の「タックル返し」の餌食にならないために、栄監督と対策を練り、同時に自分のタックルを一から点検して、さらに完璧なものにするための特訓を始めました。

そして、北京オリンピックでは金メダルを獲得。やっぱり吉田沙保里が最強だということを世界に見せつけたのです。

プラス思考のススメ

私はどんなときも圧倒的にプラス思考です。

ロンドンオリンピックの女子レスリングでは、私の五五キロ級より先に決勝の行われた四八キロ級と六三キロ級で、小原日登美選手と伊調馨選手がそろって金メダルを獲得しました。

そうしたら、栄監督は途端にプレッシャーを感じてしまって「うわぁ、吉田は大丈夫か」ってどんどん顔色が青くなるんです。たしかに、現地に入ってから も私は調子がぜんぜん上がってこなかったので、監督は不安がマックスだったのでしょう。

私は反対に「二人が獲れたなら、私も獲れるんだ。よーしっ」って、ものすごく気持ちが楽になり、その勢いで試合に臨んで、オリンピック三連覇を達成です。

あとで監督からは「おまえは霊長類最強じゃなくて、もう宇宙人だな」って呆れられました。

すぐに悪いことを想像するマイナス思考人間の栄監督には、私が宇宙人に見えるんでしょうね（笑）。

同じものだって、見方によってはプラスにもマイナスにもなる。要するに、その人の受け取り方ひとつなんです。だったらマイナスよりプラスに考えたほうが絶対得だし、楽しく生きられます。そう思いませんか。

たとえば、私がバラエティ番組に出ると「テレビになんか出ていて大丈夫？」と心配してくれる人がいるけど、私にとってはむしろストレス発散になるし、いろんな方々と共演できたら、うれしくて練習にも一層熱が入ります。

ネットにいろいろ書かれてもあまり気にしません。全員から愛されるなんて絶対不可能。私のことが嫌いな人だってそれはいますよ。それでもたまに「吉田沙保里はかわいい」「吉田さんと結婚したい」なんて書き込みを見つけると、「おお、私のファンがここにもいた」っていい気分になるので、もうそういうのだけ選んで見るようにしています。

プラス思考の秘訣は、「自分で自分のことを好きになる」かな。自分のことが好きなら、わざわざ自分を傷つけたいとか、暗い気分にさせたいとか思わないでしょ。

ルーティンは私には不要

二〇一五年ラグビーワールドカップ・イングランド大会。日本は決勝トーナメントの出場こそ逃したものの、一次リーグで強豪南アフリカを破るという大金星をあげました。

日ごろラグビーに馴染みのない人に、これがどれくらいすごいことかを伝えるのに、ネットで「レスリングで桐谷美玲が吉田沙保里に勝つようなもの」というたとえが使われているのを見て、思わず大笑いしてしまいましたが、もしかしたらその表現に、日本でいちばんリアリティを感じたのは私かもしれません。

この大会ではもうひとつ、日本チームの司令塔、五郎丸歩選手がゴールキックの前に必ず行う、腰をかがめ、両手を合わせて指を立てる独特のポーズも話題になりました。

そう、ルーティンです。

ルーティンという言葉が有名になってから、吉田さんのルーティンを教えてくださいとよくきかれますが、ありません。

毎回決まった動作をすることで雑念を振り払って、集中力を高めるのがルーティンの目的ですよね。でも、私は「あれをして、次にこれやって、その次は……」って決めておくと、逆に苦しくなっちゃうんです。それに、もし間違えたり、ひとつ飛ばしちゃったりしたらきっと、「ああ、あれやらなかったから負けちゃうかも」ってパニックになるのは目に見えています。

だから、あえて決まりごとはつくりません。

人によって精神集中の仕方はいろいろですよ。試合直前までずっと音楽を聴いている選手もいれば、頬っぺたを自分でバンバン叩いてアドレナリンを出している選手もいる。浜口京子選手はちょっと変わっていて、口の中でずっと「一、二、三、四、五、六、一、二、三、四、五、六、集中、集中、集中……」って、お経みたいにぶつぶつ唱えています。

私はまったくの自然体。その日の流れや気分に従って体を動かし、自分の心の声に耳を傾け、徐々に自分を試合モードにしていきます。

験《げん》担ぎもしないし、願掛けもしたことない。お守りはもらったりするけど、別に何かに頼ろうとかすがろうとかいう気持ちはないので、まあ、かわいければもっていくかな。

ルーティンが必要な人はやればいいし、私みたいにルーティンはむしろ邪魔という人もいる。そこは人それぞれでいいんじゃないですか。

レスリングの魅力

また総合格闘技がブームになりつつあるようです。

二〇一六年四月、私の地元・名古屋で行われた格闘技イベント「ＲＩＺＩＮ《ライジン》」で、レスリング出身で私も何度か対戦したことのある村田夏南子選手が、総合格闘技デビューを果たしました。

大観衆の中、デビュー戦の緊張もあったでしょうが、レスリング仕込みのタックルを何度も決めるなど終始相手を圧倒し、勝利を収めた夏南子選手は本当にすごいしカッコいい。私もリングサイドで応援していて、勇気と闘争心をもらいました。

総合格闘技は打撃があったり、ノックアウトで決着がついたりするのでわかりやすく、初めて見た人もそれなりに楽しめます。

一方、アマチュア・レスリングはルールがちょっと複雑です。三分間二ピリオド制で、相手の両肩をマットに付けるフォールか、相手の後ろに回り、両手両足のうち三点をマットに付けると二点、投げ技は四点といったテクニカルポイントの合計で勝敗が決まるということを知らないと、理解しにくいかもしれません。

でも、攻防はスピードがあってスリリング。力があるだけじゃ勝てないし、技の掛け合いやタックルのタイミングなども、わかるようになると俄然、観戦が楽しくなります。

また、最近は、自分でもレスリングをやってみようという人も増えてきているようです。

お笑いコンビ「オードリー」の春日俊彰さんは三〇代後半ですが、テレビ番組の企画でレスリングを始めると、わずか半年でマスターズ公式戦に出場、見事三位に入賞しました。

レスリングは日本ではまだマイナー競技ですが、これから競技人口が増えれば、いまよりさらに強くなるはずです。

そのためにも私は勝たなければならないし、夏南子選手のように総合格闘技で活躍して注目される選手も、もっともっと出てきてほしいと思います。

え、私ですか。殴られるのはちょっと……。

当分、私はレスリングの魅力を伝えることに専念します。

まだまだ心は折れない

二〇一四年九月韓国・仁川《インチョン》で開催されたレスリング・アジア競技大会五五キロ級では、一回戦の相手、中国の鍾雪純に思わぬ苦戦を強いられました。

序盤に背中から倒され、フォール寸前の体勢がかなり長い時間続いたときは「ああ、このまま肩をついてしまったら楽だろうな」と、さすがの私も一瞬、心が折れそうになりました。

しかし、そこは霊長類最強女子。すぐに気持ちを切り替えます。

「昨日は四八キロ級の登坂絵莉も、六三キロ級の渡利璃穏も、苦しい試合が続いたのにあきらめず金メダルを獲ったじゃない。先輩の私ががんばらないでどうする」

「わざわざ遠い韓国まで応援に来てくれているたくさんの人をがっかりさせていいの」

「おかあさんの差し入れてくれた必勝食『なが餅』を食べたからもっと力が出るはず」

頭の中で自分にあれこれ言い聞かせ、必死で気持ちを奮い立たせて、なんとかこの大ピンチをしのぎました。

第二ピリオド。〇対五でリードされた状態から始まると、私はタックルや大技の「一本背負い」でポイントを重ね、最後は一二対九の逆転勝ちを収めます。

そして、そのままの勢いで二回戦以降はベトナム、インド、モンゴルの選手を立て続けに撃破、結果的に私は、同大会四連覇を成し遂げたのでした。

実は、この二週間ほど前にウズベキスタンで行われた世界選手権でも優勝していたのですが、このとき私が出場したのは、五五キロ級ではなく五三キロ級だったのです。それで、大会後に慌てて増量を図ったものの、もともと太りにくい体質ということもあって、思うように体重が増えてくれません。

アジア競技大会初戦当日の軽量でも、五三・八キロしかありませんでした。

ボクシングは、一階級違うとパンチ力が天と地ほど違うといいますが、レスリングも同じ。体重が重いほど、組んだり押さえ込んだりするのに有利なのは言うまでもありません。

実際、私を苦しめた鍾雪純選手は、私よりひと回り体が大きく、組んだ瞬間に力の強さが伝わってきました。

それでも、私は負けなかった。

相手にも自分にも負けなかった。

気がつけば三〇歳をとうに過ぎ、マットを去る日がそれほど遠くないことは、私もそれなりに覚悟しています。

でも、それはいつなのでしょう。

たぶん「ここまでやったんだから、もういいや」と当たり前のように思うようになったときなのだと思います。

ただし、その実感は、いまのところ私にはありません。

霊長類最強女子の看板は、もうしばらく掲げさせていただきます。

スランプ？　それって何？

よくスランプのときはどうするんですかってきかれますが、答えるのにいつも苦労します。

なぜかというと、スランプの意味がよくわからないからです。

レスリングは何があってもやらなければいけないものなのだと、それこそ三歳のころから父に厳しく言われて育ってきました。実際、熱があっても道場には行かなければならなかったし、骨折しているのに試合に出たこともあります。

それがいいとか悪いとかではなく、私にとってレスリングは、そういうものなのです。

もちろん、いま考えれば、どうしても調子が上がってこないようなときもあったような気がします。でも、そんなことを父に言ったところで、「だからどうした」「だったらもっと練習しろ」と一喝されて終わりでしょう。

だから、私はスランプとは無縁です。むちゃくちゃな回答ですみません。

座右の書、ありません

テレビ番組の収録で、サッカーの澤穂希さん、フィギュアスケートの鈴木明子さん、バスケットボールの渡嘉敷来夢さんなど、他の競技のアスリートと一緒になることがよくあります。

カメラが回っていないときはたいてい、どこのスイーツが美味しいとか、どのタレントさんが好みとかいう女子トークですね。

ただ、そこはアスリートどうしなので、コンディショニングやトレーニング方法といった専門的なことを質問されることも、なきにしもあらずです。

そういうときは別に隠す必要もないので、「私ならこうするよ」と、自分のことはだいたいなんでも話しますが、どうしたらいいかアドバイスしてほしいと言われると、ちょっと困ってしまいます。

私のやり方は、あくまで私にとっての正解。それが他の人にも当てはまるかどうかはわかりません。

だから、どうしても「そういう場合、私はこうするけど、いろんな考え方があるからね」というフワッとした感じの言い方になってしまいます。

そう「ウチはウチ、ヒトはヒト」です。

私はいつもそうなので、私のほうから他のアスリートの方に質問したり助言を求めたりすることはまずありません。

同じ理由で、他のアスリートの方が書いた、心の整え方みたいな本を読んだこともないです。読んだらきっといいことが書いてあるんだろうとは思います。でも、自分は自分です。書かれていることを真似しようとは思わないので、そうしたら読む必要はないじゃないですか。

それに、困ったときは全部ポジティブに考えればいいという究極のプラス思考だと、あまり悩むこともないし、根性とか忍耐とかはレスリングでじゅうぶん鍛えてあるので、いまさら本から学ぶこともないなって感じです。

もちろん、そういう本を読んで助けられたとか、ヒントが見つかったとかいう人もいるだろうから、そういう人はそれでいいんじゃないでしょうか。

ただ、私は私。

これは一生変わらないと思います。

6 初公開！
吉田家の教え

人に迷惑をかけるな

吉田家の教えというのは、言葉を換えれば父・吉田栄勝の教えです。

吉田家では、父の存在は絶対でした。父があの鳥は「黒」だと言えば、たとえそれが真っ白な鳩だったとしても、羽の色はカラスのように黒なのです。

私はそんな父にものごころつく前から、とにかく厳しく育てられました。アスリートとしてはもちろん、父が私という人間の基礎を形づくってくれたのだと思っています。

その父が、口ぐせのように言っていたのがこれです。

「人に迷惑をかけるな」

レスリングが強くなるというのは父にとっても私にとっても最重要課題です

が、そうかといって、強くなるためだったら周りの人に迷惑をかけてもかまわないというような態度を少しでもとろうものなら、たちまち父からものすごい雷が落ちてきます。

とにかく、自分さえよければそれでいいという姿勢が父は大嫌いでした。監督や仲間が助けてくれなければ練習だってできないし、ファンのみなさんが応援してくれるから、もっとがんばろうという気持ちになれるのです。

人間はひとりで生きているのではない、生かされているんだ、だからいつも感謝の気持ちを忘れず、誰かに迷惑をかけていないか絶えず気を配りなさい。

もちろん、そんなに丁寧に説明されたわけではありませんが、父が私に伝えたかったのは、たぶんそういうことだと思います。

その父は、二〇一四年三月一一日にくも膜下出血で亡くなりました。発症したのは高速道路上です。瞬間的に、バットで殴られたような強烈な頭痛に襲われたはずですが、父は最後の気力を振り絞ったのでしょう。中央分離帯にぶつかった車を路肩まで移動させ、そこでサイドブレーキをかけてから意識を失いました。

私にはわかります。高速道路の真ん中に車が停まっていたら、後続車はよけられないかもしれない。そうしたら第二、第三の事故が起こって、多くの人を巻き込んでしまう。それだけは絶対に防がなければならないと、とっさに考え、行動に移したのです。

人に迷惑をかけるなよと、父は命をかけて私たち家族に教えてくれたのだと思っています。

そうはいっても私は性格が超ポジティブなので、もしかしたら自分でも気づかないうちに、周囲に迷惑をかけていることだってあるかもしれません。でも、迷惑をかけちゃいけないんだという気持ちだけは、どんなときも忘れないよう肝に銘じています。

私が目指す強さは、そういう気配りができる優しさを兼ね備えた強さ。そうなれたら父もきっと天国で喜んでくれるはずです。

ウチはウチ、ヒトはヒト

父は家族の絆をことさら大事にしました。家族はいついかなるときも一緒。吉田家がまずあって、それから一人ひとりの生活があるというのが、吉田家では当たり前のことなのです。

その家族の中心にあるのがレスリング。自宅にはレスリング道場があって、父はそこで「一志ジュニアレスリング教室」を開いていました。ちなみに、現在は次兄が父の道場を引き継いで、子どもたちを指導しています。

そんな環境ですから、私も五歳にしてすでに大会に出場していました。もちろん長兄も次兄も、子どものときからレスリング一筋です。

本当は、長兄は野球、次兄は剣道がやりたかったみたいですが、父が認めるはずがありません。かろうじて、次兄が部活動で剣道をやることだけは許してもらえたようですが、長兄にいたっては「やりたければ自分でバットとグローブを買ってやれ」と一喝されて終わりです。そのとき長兄は小学生、買えるわけがないじゃないですか。

子どもが小さいときは、その子にどんな可能性があるかわからないので、いろいろなことをやらせたほうがいいという考え方も理解できなくはないし、もちろん否定もしません。父だってわかっていたと思います。

でも、吉田家に生まれたら、やっぱりレスリングなのです。

ウチはウチ、ヒトはヒト。みんながやっていることが正解ではない、吉田家には吉田家のやり方がある。これはもう父の信念みたいなものです。

私も父に「友だちがポケットベル（わっ、昭和）をもっているから私もほしい」と言ったところ、「友だちがなんだ、ウチはウチだ」と怒られたことがありました。ピアノが習いたいと頼んだときも、「ピアノが弾けるようになっても、レスリングは強くならん」と即座に却下です。

ただ、水泳だけはやらせてくれました。水泳は呼吸筋が鍛えられて持久力がつく、つまり、レスリングにプラスになるからです。

中学の部活動は陸上部に入りましたが、これは父のススメです。中学にレスリング部があれば、他の競技という選択肢はもちろんなかったでしょう。でもレスリング部がある中学なんてまずないですよね。それで、「陸上部に入れ、走ってレスリングに必要な基礎体力をつけろ」というわけです。それに、私がレスリングの大会で試合や練習を休むと、団体競技だと周りに迷惑がかかるけど、陸上ならそういうこともないし、相手との接触もないのでケガも少ない。

このように、すべてがまずレスリングありきなんですよ、吉田家は。それはいいとか悪いとかではなく、吉田家に生まれた以上、それを受け入れるしかないんです。

正直に言うと、最初はなんでこんなことやらされなきゃいけないの、という気持ちもありました。学校が終わればレスリングの練習があるからすぐに家に帰らなければならないし、土日は大会や出稽古であちこち行くので、友だちと遊ぶ時間がない。小学生のころはまだオリンピックでメダルを獲るといった明確な目標もありませんから、やっぱり「友だちと遊びたいな」「もうレスリングなんて辞めたい」って気持ちにもたまにはなりますよ。

でも、友だちとは遊べなくても、休みの日に家族全員で移動するのは楽しかった。

それから、大会で優勝すると次の日、学校にいただいたメダルや賞状をもっていくんです。そうすると、全校集会で校長先生が「吉田さんがレスリングの大会で優勝しました。おめでとう」とほめてくれて、教室に戻ってもみんなが「沙保里ちゃん、すごいね」「レスリングってカッコいいね」って声をかけてくれる。そうすると、私は単純なんで、友だちと遊べない悲しさなんて忘れてしまって、うれしい、レスリングやっていてよかったって思っちゃうんです。

中学生になって、オリンピック出場というのが現実味を帯びてくると、頭の中は「強くなりたい」「どうすれば勝てるか」でいっぱいになり、やらされているという感覚はなくなりました。

あらためて振り返ると、私はかなり特殊な環境に育ったんですね。でも、そんな吉田家に生まれて、私は本当に幸せだったと思います。

父の命令に「いいえ」はない

母は、私がつらくて泣いていると、何も言わずに近くに来てギュッと抱きしめてくれる天使のような人です。

一方、父はとにかく厳しい、そして怖い。

あるとき、兄二人とゲーム機の取り合いでケンカになったことがありました。そうしたら、いきなり父が金づちを手にやってきて、「こんなものがあるから悪いんだ」と一喝するや、私たちの目の前でそのゲーム機を叩き壊したのです。その剣幕と迫力に、三人ともその場で凍りついたのは言うまでもありません。

厳しいのは、「一志ジュニアレスリング教室」に通う子どもたちに対しても同じでした。

父は、誰でも自分のもっている力を全部出せるようになれば、必ず強くなれるという考えだったので、いつでも全力が当たり前。練習で手を抜いていたり、力を抜いていたりしているのを見つけると、小さい子でも容赦なく、「やる気あるのか」と雷を落とします。それで、その子が泣き出すと、今度は「泣いて強くなるのか」とまた怒鳴る。

だから、外から父の足音が近づいてくると、みんな緊張して道場の空気がピンと張り詰めるのがわかるんです。

ただ、私は兄たちに比べたら、怒られた回数は少ないと思います。

父は短気なので、言ったことがなかなかできないとたちまち機嫌が悪くなるんです。それで二人の兄は「なんでこんなこともできないんだ」としょっちゅうやられる。でも、私は、こう見えてけっこう器用なので、教えられたことはわりとすぐにできちゃうから、技の習得の類で父を怒らせたことは、ほとんどなかったと思います。

なかなかできない兄を見て「下手くそやな、お兄ちゃん」とつぶやいたら、それが父の耳に入って「お前は黙っとれ」と怒鳴られたことはありましたね。

それから、私は普段から誰かが怒られていると、それを横目で見て、「ああ、こういうことするとおとうさんに怒られるんだ」と、学習しては、それをしないように気をつけていました。そうやって怒られないコツをひそかに身につけていたんです。

あとは、末っ子で女の子という点でも得をしていたのかもしれません。

そんな私でも、まったく安全というわけではなく、ときどき虎の尾を踏んではこっぴどくしかられました。

いまでも鮮明に覚えているエピソードが二つあります。

ひとつは、練習中の出来事です。急にトイレに行きたくなった私は、焦って父が別の子を教えている前を横切ってしまいました。そうしたら、父にぶつかって、その拍子に父のメガネが飛んでしまったのです。

「ちょっと来い！」

「えっ」

振り向くといきなりビンタを見舞われました。父が私に手を上げることはめったになかったので、私の無礼な振る舞いがよほど腹にすえかねたのでしょう。

もうひとつは、試合のとき。相手はそれまでも何度か対戦していて、一度も負けたことがない男の子です。それで緊張感もあまりなく、マットに上がっても応援に来てくれた友だちを見つけて、「イェーイ」っておどけて手を振ったりしていたら、あっさり試合に負けてしまいました。このときの父の怒りも激しかった。まさに怒髪天を衝くとはこのことです。

どんな相手であっても敬意を忘れてはいけない。いつも父が口を酸っぱくして言っていたことを、私はすっかり忘れていました。そのことが父の逆鱗に触れたのです。負けたことを怒られたわけではありません。

挨拶をするときは相手の目をしっかり見なさいとか、礼儀に関することは、かなりうるさく言われました。

あとは生活習慣。脱いだ靴はちゃんとそろえろとか、食事を終えたら自分の食器は自分で台所に戻せとか。

父が「こうしろ」と口にしたら、家族は必ずそれに従う。「いいえ」はなし。そんな恐ろしいことできるわけないじゃないですか。

でも、なかには「え、なんで」というのもありましたよ。たとえば小・中学校のときの門限午後五時。夜七時から練習があるので、その前に食事をしておかないといけないから、逆算すると午後五時という理屈はわかります。でも、ちょっとでも遅れると鍵をかけられて家に入れてもらえないというのは、いくらなんでもやりすぎでしょう。

ただ、父は厳しかったけど、その根底にはいつも愛情があったことはたしかです。レスリング教室の子どもたちに対する愛情、そして、家族に対する愛情。だから、レスリングが強くなるために、あるいは、一人前の人間になるために、これは大事だと自分が思ったことは、手を抜かずに教え、怒った。いい加減なことはしたくなかったのです。

厳格な父親でい続けるのは本人もたいへんだったと思いますよ。だって、怒るにはものすごいエネルギーが要りますからね。一生懸命心を鬼にして怒ってくれていたんだなって、いまにして父のありがたさがよくわかります。

まあ、不器用で愛情表現が下手くそだったんですね。厳しい父と優しい母、私はあらためて吉田家に生まれたことを幸せに思います。

弱い者いじめはするな

レスリングの技を使ったら、ちょっとしたケンカでも相手に大ケガをさせてしまうこともあります。だから、学校の友だちには、たとえ遊びでも、タックルをしたり投げたりは絶対にするなと、父からは厳しく言われていました。

ましてや、それで弱い者いじめなんかしたら父がどれほど怒るか、想像しただけでも足が震えます。弱い者いじめは、父が最も嫌っていることのひとつだったのです。

私も、そんな父の考え方を受け継いでいたので、小学校でもいじめを見つけると、いつも「なんでいじめるの」といじめている子に食ってかかっていました。同時に、いじめられている子の気持ちを考えるといたたまれなくなって、寄り添ってあげたくなります。

小学校一年のとき、特別支援学級の子が教室でおもらしをしてしまったことがありました。それを見て二、三人が、「おまえは臭い」とか「汚い」とかその子の悪口を言い始めると、いつの間にか私の周りの友だちも、一緒になって囃《はや》し立てています。

でも、私はぜんぜんそんな気にならなくて、彼女のところに走っていくと、雑巾で床のおしっこを拭いてあげたんです。

その子だっておもらししたくてしたわけじゃない、障害があるのだから仕方がないじゃないですか。

正義感というより、みんなでひとりをいじめている状況は、私にとって楽しくもなんともない。それはいまも変わりません。

父は厳しかったけど、練習が終われば「おい、ご飯食べていくか」って、よその子どもたちを誘うことも多く、食卓はいつも賑やかでした。

いつもみんなが仲よくワイワイやっているのが吉田家。そういう雰囲気が私は大好きなんです。

おわりに——吉田沙保里にならなくていいよ

「沙保里さん、東京から帰ってきて、よくすぐに練習できますね」

昨日も後輩からこんなふうに言われました。

だって、二日もレスリングシューズを履いていなかったら、体がムズムズしてきて、「あー、早く練習したい」って気持ちになりませんか。

「なんでも楽しんじゃおう」っていう性格の私にとって、テレビに出たり、雑誌の取材を受けたりするのは、絶好の気分転換。

それで、思いっきり発散すると、「こうやっていろいろやらせてもらえるのは、私がレスリングで結果を残しているからだよね。よし、レスリングがんばるぞ」とやる気がみなぎってきて、地元の大府の駅に降り立つとすぐにスイッチが入るんです。

この本も、気分転換の一環というわけではありませんが、リオデジャネイロオリンピックの前に、一度頭の中をすっきりさせておこうと思って書きました。私の得意分野であるレスリングのことから人生相談まで、筆の向くまま気の向くままって感じです。

こうして文字にしてみると、私の考え方や生き方は、亡き父はじめ吉田家の面々にずいぶん影響を受けているということが、あらためてよくわかりました。つまり、ここに書いたことは、私や私の育った吉田家の「正解だ」ということです。

そして、それはすべての人にあてはまるわけではありません。

それはそうですよね。骨折した中学三年生の娘に、手首から突き出たボルトを削ってでも試合に出ろなんて、普通の親は絶対に言わないでしょう。まあ、「わかりました」って出るほうも出るほうですが。

だから、この考え方は違うとか、これには共感できないとか思うところがあっても、「ああ、吉田沙保里はこうなんだ」と思って優しい目で見てください。同じように、「吉田さんがこう言っているから、私もこうしなくちゃ」と、慌てて考えを変える必要なんてぜんぜんない。

もちろん、参考になると思ったらどんどん真似してくれてかまいません。でも、それでやっぱり前のほうがよかったとか、別にいいやり方が見つかったとかいうなら、私に遠慮することなくそちらを取り入れてください。

私は吉田沙保里、そして、あなたはまた別の人間。

生まれ育った環境も、顔も、体形も、性格も、年齢も人それぞれ。すべてが同じ人なんてどこにもいません。
それなのに、どこかにただひとつの答えがあるかのように錯覚して、あちこち正解を追いかけては、これも違った、あれも違うとため息をついている人が多いような気がします。

自分の正解は自分で見つける。人と違っていたって気にしない。
それでいいんじゃないでしょうか。

「本を読んだけど、沙保里さんみたいにはできませんよ」

それでよし。

吉田沙保里

吉田沙保里(よしだ・さおり)

1982年10月5日、三重県津市生まれ。レスリング元全日本チャンピオンの父・栄勝から指導を受け、3歳の頃から一志ジュニアレスリング教室でレスリングを始める。三重県立久居高校、中京女子大学(現・至学館大学)卒。名誉修士。アテネ、北京、ロンドンオリンピック金メダル獲得。ロンドンオリンピックでは日本代表選手団旗手を務める。世界選手権は2002年、03、05、06、07、08, 09、10、11、12、13、14、15年優勝。世界大会(オリンピック＋世界選手権)における前人未到の16連覇を果たし、ギネス世界記録に認定される。アジア競技大会も釜山、ドーハ、広州、仁川と4連覇達成。2012年国民栄誉賞受賞。2016年のリオデジャネイロオリンピックでも金メダル獲得を目指す。

迷わない力
霊長類最強女子の考え方

2016年8月2日　第1刷発行
2016年8月7日　第2刷発行

著　者　吉田沙保里
発行者　長坂嘉昭
発行所　株式会社プレジデント社
〒102-8641　東京都千代田区平河町 2-16-1
平河町森タワー 13階
http://www.president.co.jp/
電話：編集 (03)3237-3737
販売 (03)3237-3731

編集協力　山口雅之
編　集　桂木栄一
制　作　関 結香
販　売　高橋徹　川井田美景　森田巌
遠藤真知子　塩島廣貴　末吉秀樹
印刷・製本　図書印刷株式会社

ISBN978-4-8334-2184-3
Printed in Japan